W9-BKV-748

DISCARD

Máquinas maravillosas/Mighty Machines

Camiones de volteo/Dump Trucks

por/by Linda D. Williams

Traducción/Translation: Martín Luis Guzmán Ferrer, Ph.D.
Editor Consultor/Consulting Editor: Dra. Gail Saunders-Smith

Consultant: Debra Hilmerson, Member
American Society of Safety Engineers
Des Plaines, Illinois

Capstone press

Mankato, Minnesota

Pebble Plus is published by Capstone Press
151 Good Counsel Drive, P.O. Box 669, Mankato, Minnesota 56002
www.capstonepress.com

1 2 3 4 5 6 11 10 09 08 07 06

Library of Congress Cataloging-in-Publication Data
Williams, Linda D.
   [Dump trucks. Spanish & English]
   Camiones de volteo/de Linda D. Williams=Dump trucks/by Linda D. Williams.
   p. cm.—(Pebble plus. Máquinas maravillosas=Pebble plus. Mighty machines)
   Includes index.
   ISBN-13: 978-0-7368-5870-0 (hardcover)
   ISBN-10: 0-7368-5870-9 (hardcover)
   1. Dump trucks—Juvenile literature. I. Title. II. Series: Pebble plus. Máquinas maravillosas.
TL230.15.W55318 2005
629.225—dc22   2005019052

Summary: Simple text and photographs present dump trucks and the work they do.

Editorial Credits
Martha E. H. Rustad, editor; Jenny Marks, bilingual editor; Eida del Risco, Spanish copy editor; Molly Nei,
   designer; Scott Thoms, photo researcher; Karen Hieb, product planning editor

Photo Credits
Bruce Coleman Inc./M. H. Black, 18–19
constructionphotography.com, 1, 6–7, 17
Corbis/Lester Lefkowitz, cover, 8–9; Roger Ressmeyer, 4–5; Paul Steel, 10–11; Royalty Free, 12–13;
   Tim Wright, 20–21
Index Stock Imagery/Tom Carroll, 14–15

Note to Parents and Teachers

The Mighty Machines series supports national standards related to science, technology, and society. This book describes and illustrates dump trucks. The images support early readers in understanding the text. The repetition of words and phrases helps early readers learn new words. This book also introduces early readers to subject-specific vocabulary words, which are defined in the Glossary section. Early readers may need assistance to read some words and to use the Table of Contents, Glossary, Internet Sites, and Index sections of the book.

Table of Contents

Tabla de contenidos

Dump Trucks

Dump trucks carry
and dump.

Camiones de volteo

Los camiones de volteo cargan
y descargan.

Loaders fill dump trucks
with sand and rocks.
Dump trucks carry
heavy loads.

Las cargadoras llenan
los camiones de volteo con
arena y piedras. Los camiones
de volteo llevan pesadas cargas.

Dump Truck Parts

Dump truck drivers sit in cabs. Drivers control dump trucks. Cabs keep drivers safe from falling rocks.

Las partes de los camiones de volteo

Los conductores de los camiones de volteo se sientan en cabinas. Los conductores manejan los camiones de volteo. Las cabinas protegen a los conductores de las piedras que caen.

cab/cabina

Dump truck beds tip up.
Loads slide out into piles.

Los remolques de los camiones
de volteo se inclinan. Las cargas
se deslizan formando montones.

bed/remolque

Dump trucks have big tires.
Some dump trucks have
tires that are taller
than a person.

Los camiones de volteo tienen
unas llantas enormes. Algunos
camiones de volteo tienen llantas
más altas que una persona.

What Dump Trucks Do

Dump trucks carry lots of rocks and dirt. A dump truck could carry the weight of many elephants.

Qué hacen los camiones volteo

Los camiones de volteo cargan montones de piedras y tierra. Un camión de volteo aguantaría cargar el peso de muchos elefantes.

Dump trucks carry sand
and gravel. They also
carry broken concrete.

Los camiones de volteo cargan
arena y grava. También
cargan pedazos de concreto.

Dump trucks work in pit
mines and at building sites.
Dump trucks carry dirt
for roads and parks.

Los camiones de volteo trabajan
en minas a cielo abierto y en
obras de construcción. Los camiones
de volteo cargan tierra para hacer
carreteras y parques.

19

Mighty Machines

Dump trucks carry
and dump loads. Dump
trucks are mighty machines.

Máquinas maravillosas

Los camiones de volteo cargan
y descargan grandes cantidades.
Los camiones de volteo son
unas máquinas maravillosas.

Glossary

bed—the back end of a dump truck; the bed tips up to dump loads.

building site—a place where something new is being made or constructed

cab—an area for a driver to sit in a large truck or machine, such as a dump truck

gravel—a mixture of sand, pebbles, and broken rocks

load—anything that must be lifted and carried by a person or machine

loader—a machine that lifts and carries loads

pit mine—a deep, open hole in the earth where minerals are found

Glosario

cabina—lugar donde el operador se sienta, ya sea en un camión o en una máquina, como en un camión de volteo

carga—cualquier cosa que una persona o una máquina deben levantar y llevar

cargadora—máquina que levanta y carga pesos

grava—mezcla de arena, guijarros y pedacitos de piedra

minas de arena—un hoyo profundo y abierto en la tierra donde pueden encontrarse minerales

obras de construcción—lugar donde algo nuevo se está haciendo o construyendo

remolque—parte trasera de un camión de volteo; el remolque se voltea para descargar.

Internet Sites

FactHound offers a safe, fun way to find Internet sites related to this book. All of the sites on FactHound have been researched by our staff.

Here's how:

1) Visit *www.facthound.com*

2) Type in this special code **0736825967** for age-appropriate sites. Or enter a search word related to this book for a more general search.

3) Click on the **FETCH IT** button.

FactHound will fetch the best sites for you!

Sitios de Internet

FactHound te ofrece una manera segura y divertida para encontrar sitios de Internet relacionados con este libro. Todos los sitios de FactHound han sido investigados por nuestro equipo. Es posible que los sitios no estén en español.

Así:

1) Ve a *www.facthound.com*

2) Teclea la clave especial **0736825967** para los sitios apropiados por edad. O teclea una palabra relacionada con este libro para una búsqueda más general.

3) Clic en el botón de **FETCH IT**.

¡FactHound buscará los mejores sitios para ti!

Index

Índice